Arte Paranormal Brasileira

PINTURA MEDIÚNICA

para entender e colorir antiestresse

Luis Hu Rivas

1ª edição
5.000 exemplares

Março/2016
© 2016 by Boa Nova Editora.

Capa e projeto gráfico
Luis Hu Rivas

Diagramação
Luis Hu Rivas

Revisão
Alessandra Miranda

Coordenação editorial
Ronaldo A. Sperdutti

O produto da venda desta obra é
destinado à manutenção das atividades
assistenciais da Sociedade Espírita Boa Nova,
de Catanduva(SP).

1ª edição: Março de 2016 – 5.000 exemplares

Dados Internacionais de Catalogação na Publicação (CIP)
(Câmara Brasileira do Livro, SP, Brasil)

Rivas, Luis Hu
    Arte Paranormal brasileira : pintura mediúnica :
para entender e colorir antiestresse / Luis Hu
Rivas. -- Catnduva, SP : Boa Nova Editora, 2016.

    ISBN 978-85-8353-043-5

    1. Artes - Uso terapêutico 2. Arte espírita
3. Arteterapia - Brasil 4. Espiritismo
5. Livros para colorir 6. Mediunidade I. Título.

16-01620   CDD-615.85156

Índices para catálogo sistemático:

1. Arteterapia   615.85156

SUMÁRIO

SABEDORIA

Em todos os tempos, a busca do ser humano pela sua felicidade tem sido uma constante. Essa felicidade está vinculada a sua escolha de decisões. A sabedoria é, exatamente, essa capacidade de fazer boas escolhas, discernir qual o melhor caminho a seguir e a melhor atitude a adotar nos diferentes contextos que a vida nos apresenta. Quanto mais acertadas suas decisões, mais feliz você será.

Para isso, é preciso chegar ao nível de plenitude que certos homens, considerados sábios ou iluminados, chegaram.

Para que o homem alcance sua iluminação é importante que conheça os quatro pilares básicos sobre os quais a sabedoria se sustenta:

Ciência (do latim *scientia*, termo traduzido por "conhecimento") refere-se a qualquer conhecimento ou prática sistemáticos.

Filosofia (do grego *Φιλοσοφία*, literalmente "amigo da sabedoria" ou "amor pelo saber") é o estudo de problemas fundamentais relacionados à existência, ao conhecimento, à verdade, aos valores morais e estéticos, à mente e à linguagem.

Religião (do latim *religare*, tem o significado de "religação") é o sentimento íntimo de uma nova ligação entre o homem e Deus.

Arte (do latim *ars*, significando técnica e/ou habilidade) é a aptidão para fazer alguma coisa.

Em todas essas áreas, o ser humano vem descobrindo, com o passar dos séculos, variantes e possibilidades nunca antes imaginadas, o que tem lhe permitido tornar-se mais sábio

Ciência

Religião

Filosofia

Arte

Os quatro pilares da sabedoria.

e, assim, conseguir maior habilidade para agir de maneira acertada na vida.

Dentro da arte, um dos pilares da sabedoria, um tipo diferenciado chama atenção. Ele tem sido, ainda, pouco pesquisado: a arte paranormal.

Em especial no Brasil, vemos uma grande quantidade de expoentes relacionados a uma de suas variantes principais: a pintura mediúnica.

ARTE

O artista

Arte pode ser entendida como a atividade estética ou comunicativa pela qual o homem expressa a realidade, um sentimento ou sua imaginação, valendo-se da matéria, da imagem ou do som, em suas variadas combinações, e cria, copiando ou imaginando.

A arte está presente em nossas vidas todos os dias, em suas diversas formas e manifestações. O principal problema na definição do que é arte é o fato de que essa definição varia com o tempo e de acordo com as várias culturas humanas.

O que podemos dizer é que o processo criativo se dá a partir da percepção que o homem tem do seu entorno, de suas emoções e ideias, e, com o desejo de poder expressá-las, ele as reproduz, com um significado único e diferente para cada obra. Dessa constante atividade surge o indivíduo capacitado para desenvolvê-la: o artista.

Um artista é, de modo geral, uma pessoa envolvida na produção de arte, no fazer artístico criativo. Segundo escritores célebres como Platão e Aristóteles, na Grécia Clássica, os artistas em geral eram considerados simples técnicos qualificados, trabalhadores mecânicos, ainda que se reconhecesse que seu trabalho exigia criatividade, inteligência e capacidade de organização. O termo usado era *tecnhê*,

que significava ter técnica ou habilidade para realizar algo de acordo com um plano e regras definidas, sendo essas capacidades aplicáveis a qualquer atividade produtiva.

Um primeiro conceito mostra que, para criar uma obra de arte, seria necessário apenas que o artista, desenvolvesse seu trabalho com sua habilidade ou técnica.

Habilidade/ Técnica

100%

Aquela ideia repentina e momentânea, normalmente genial, é a inspiração. Ela motiva os artistas a realizar obras e fornece uma sensação boa, de bem-estar, enquanto são executadas.

Para criar obras, o artista, além de sua habilidade ou técnica, conta também com o apoio da inspiração.

INSPIRAÇÃO

Um novo conceito vem se juntar à arte: a inspiração.
A inspiração é o estímulo, o conselho, a ideia, sugestão ou influência de fazer algo proveniente de alguém.
Essa inspiração pode ser súbita e espontânea, e é geralmente brilhante ou oportuna – uma espécie de iluminação ou lampejo.
No caso das pessoas vinculadas à arte, a inspiração artística é algo que "surge" interiormente e as motiva a criar com uma sensação prazerosa.
Com isso, o artista ganha um apoio "extra" em suas criações. Sua obra não estaria limitada, portanto, apenas à sua habilidade ou técnica estética, mas ganharia um brilho adicional.
Na Antiguidade, a inspiração tinha uma origem. Quem incitava a capacidade de criação, eram seres mitológicos conhecidos como "musas".

Inspiração/ Intuição

1% a 99%

Habilidade/ Técnica

1% a 99%

As nove musas

As musas eram entidades mitológicas a quem era atribuída, na Grécia Antiga, a capacidade de inspirar a criação artística ou científica. Na mitologia grega, eram as nove filhas de Mnemosine e Zeus. O templo das musas era o Museion, termo que deu origem à palavra "museu" nas diversas línguas indo-europeias como local de cultivo e preservação das artes e ciências.

Musas dançam com Apolo, por Baldassare Peruzzi.

Musa	Significado do nome	Arte ou ciência
Calíope	A que tem uma bela voz	Eloquência
Clio	A proclamadora	História
Erato	Amável	Poesia lírica
Euterpe	A doadora de prazeres	Música
Melpômene	A poetisa	Tragédia
Polímnia	A de muitos hinos	Música cerimonial (sacra)
Tália	A que faz brotar flores	Comédia
Terpsícore	A rodopiante	Dança
Urânia	A celestial	Astronomia e astrologia

Numeração das artes

1ª Arte - Música (som)

2ª Arte - Artes cênicas (teatro/dança/coreografia) (movimento)

7ª Arte - Cinema (integra os elementos das artes anteriores mais a 8ª e, no cinema de animação a 9ª).

3ª Arte - Pintura (cor)

6ª Arte - Literatura (palavra)

4ª Arte - Arquitetura (espaço)

5ª Arte - Escultura (volume)

Outras artes

8ª Arte - Fotografia (imagem)

11ª Arte - Arte digital (integra artes gráficas computadorizadas 2D, 3D e programação).

9ª Arte - Quadrinhos (cor, palavra, imagem)

10ª Arte - Vídeo Games (Jogos que integram elementos de todas as artes anteriores somado à 11ª)

TIPOS DE ARTE

Os tipos de arte foram classificados em 1923 pelo crítico de cinema Ricciotto Canudo, no Manifesto das Sete Artes. O objetivo do crítico era estabelecer uma ordem estética e comunicativa para as principais artes existentes.

Presentemente, essa é a numeração das artes mais consensual, sendo no entanto apenas indicativa, em que cada uma das artes é caracterizada pelos elementos básicos que formatam sua linguagem, tendo sido classificadas da seguinte forma:

1ª Arte - Música (som).
2ª Arte - Artes cênicas (teatro/ dança/coreografia) (movimento).
3ª Arte - Pintura (cor).
4ª Arte - Arquitetura (espaço).
5ª Arte - Escultura (volume).
6ª Arte - Literatura (palavra).
7ª Arte - Cinema (integra os elementos das artes anteriores, mais a 8ª e, no cinema de animação a 9ª).

Outras formas expressivas também consideradas como arte foram posteriormente adicionadas à numeração proposta pelo Manifesto:

8ª Arte - Fotografia (imagem).
9ª Arte - Quadrinhos (cor, palavra, imagem).
10ª Arte - Vídeogames (alguns jogos integram elementos de todas as artes anteriores, somados à 11ª; porém, no mínimo, integram as 1ª, 3ª, 4ª, 6ª e 9ª Artes somadas à 11ª.
11ª Arte - Arte digital (integra artes gráficas computadorizadas 2D, 3D e programação).

Em todos os tipos de arte, os artistas "normais" seriam de dois tipos: os que possuem habilidade/técnica para criar e os que, além de sua capacidade, contam com a inspiração, em certos momentos, para produzir algumas obras.

Artista "normal"

Segundo o quadro, os artistas possuem sempre habilidade/técnica para suas produções. Com ou sem inspiração, é fundamental que eles tenham capacidade para elaborar sua arte.

Inspiração/ Intuição

0%

Habilidade/ Técnica

100%

Inspiração/ Intuição

1% a 99%

Habilidade/ Técnica

1% a 99%

PARANORMAL

Paranormal (do grego *παρά, pará*, "ao lado, à margem de", mais o adjetivo "normal") significa "o que não é normal". É um termo empregado para descrever as proposições de uma grande variedade de fenômenos supostamente anômalos ou estranhos ao conhecimento científico.

Diz-se que um evento ou percepção são paranormais quando envolvem forças ou agentes que estão além de explicações científicas, mas assim mesmo são misteriosamente vivenciados por aqueles que alegam possuir poderes psíquicos. A paranormalidade seria a capacidade mental de interagir com o meio ambiente, usando meios que não os sentidos (para a percepção) e membros do corpo (para mover objetos, por exemplo). Possivelmente, está presente em todos os seres humanos, mas em alguns indivíduos com maior intensidade. Existem algumas pessoas que apresentam "paranormalidade" em certo nível, a ponto de conseguirem gerar diversos fenômenos como telepatia, projeção da consciência, mediunidade, etc.

Existe uma interessante produção de obras de arte realizada por "paranormais", que acontece em estado alterado de consciência ou transe mediúnico, sem que esses indivíduos tenham conhecimento (habilidade/técnica artística) para tal. A autoria das obras é atribuída a agentes externos ou, como se costuma chamar, a "inteligências invisíveis" ou "pintores do Além". A essas expressões artísticas muito pouco conhecidas chamaremos de "arte paranormal".

Século XIX

Victorien Sardou (1831-1908)
Foi com esse dramaturgo francês que o fenômeno ganhou maior visibilidade no século XIX. Sardou produziu desenhos atribuídos ao artista vidraceiro e ceramista francês Bernard Palissy (1510–1589), com a temática de paisagens e construções do planeta Júpiter.

Augustin Lesage (1876-1954).
Trata-se de um pintor "paranormal" francês difícil classificar em termos estéticos. Ele foi estudado por André Breton e encontra-se integrado à Colecção de Arte Bruta, da qual é uma das mais relevantes figuras.
Seus desenhos foram executados em telas de grandes formatos.

Arte "normal"

Obras de arte produzidas por artistas com ou sem inspiração.

Arte "paranormal"

Obras de arte produzidas por paranormais que não são artistas.

Inspiração/ Intuição

0%

Habilidade/ Técnica

100%

Inspiração/ Intuição

1% a 99%

Habilidade/ Técnica

1% a 99%

Inspiração/ Intuição

100%

Habilidade/ Técnica

0%

Pela primeira vez na história da arte, observamos que produções artísticas de alta qualidade podem ser desenvolvidas por pessoas que não sejam artistas, nem possuam habilidade ou técnica suficientes.

Século XX

Rosemary Brown (1916-2001)
Foi uma médium inglesa. Tornou-se mais conhecida por composições célebres de música erudita, tendo recebido mais de quatrocentas partituras. Entre essas obras encontram-se composições atribuídas a Liszt, Chopin, Schubert, Beethoven, Bach, Brahms, Schumann, Debussy, Rachmaninoff, Mozart, entre outros.

Nos últimos séculos, os "paranormais" vêm produzindo obras de arte em vários lugares do mundo, de forma esporádica. Mas, a partir do século XX, a produção desse tipo de obras artísticas ganharia maior repercussão, principalmente no Brasil.

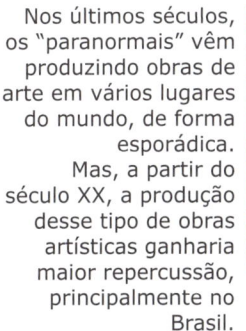 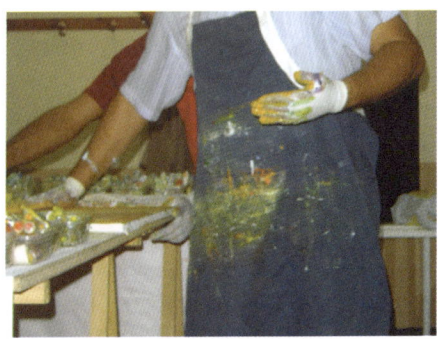

Sibéluis Donato é autor de mais de setecentas composições e já conta com nove CDs lançados. Tem grande habilidade, com rara genuinidade musical, e algumas de suas obras são atribuídas a "músicos do Além" como Chiquinha Gonzaga, Ernesto Nazaré, Francisco Mignone, entre outros.

ARTE PARANORMAL

Na Parapsicologia, existem dois tipos de fenômenos: os **Psi-Gamma** e os **Psi-Kappa.**

Psi-Gamma (que em tradução do grego significa "conhecimento psíquico") engloba a percepção extrassensorial, uma faculdade de conhecimento que aparentemente não depende dos sentidos.

Nesse caso, o próprio paranormal produz os fenômenos, seja pela sua mente ou pela própria capacidade. Por exemplo, em relação à telepatia, ele mesmo consegue captar os pensamentos, ou, quanto à radiestesia, ele próprio tem a capacidade de encontrar objetos escondidos com a ajuda de um pêndulo.

Já quanto aos fenômenos chamados **Psi-Kappa,** ou psicocinéticos, eles são objetivos e materiais, embora precisem da participação de um agente externo invisível (Espírito). É, nesses fenômenos que acontece a produção de obras artísticas, em um estado alterado de consciência ou transe mediúnico.

Uma das variantes da paranormalidade seria a mediunidade. Logo, esse tipo de paranormal, que a partir de agora chamaremos de "médium", será o assunto deste livro.

No Brasil, temos observado uma grande e contínua quantidade de produção artística elaborada por centenas de médiuns, nos mais variados tipos de arte, desde literatura e música até escultura e pintura. Pela sua qualidade, essa produção tem chamado muito a atenção de diversos auditórios, escolas de arte e pesquisadores, em muitos países no mundo. Apenas na literatura, os médiuns Chico Xavier com mais de quatrocentos livros escritos, e Divaldo Pereira Franco, com quase trezentos livros publicados, têm produzido obras literárias atribuídas a diversos gênios da dramaturgia, do romance, da poesia e da literatura universal.

Poesia

Obra:
Parnaso de Além-Túmulo

Artista atribuído:
Diversos
(Castro Alves, Olavo Bilac,
Casimiro de Abreu, entre
outros)

Médium:
Francisco Cândido Xavier

Literatura

Obra:
Quedas e Ascenção

Artista atribuído:
Victor Hugo

Médium:
Divaldo Pereira Franco

Música

Obra:
Compositores do Além

Artista atribuído:
Diversos
(Noel Rosa, Ataulfo Alves, Assis
Valente; dos italianos Giuseppe
Verdi, Vincenzo Bellini, entre
outros)

Médium:
Jorge Rizzini

Bordado

Obra:
Retrato de Jesus

Artista atribuído:
Rembrandt

Médium:
Anna Herman

Escultura

Obra:
Cristo em Súplica

Artista atribuído:
Antonio Lisboa (Aleijadinho)

Médium:
José Medrado

Cerâmica

Obra:
Sem título

Artista atribuído:
Tarsila do Amaral

Médium:
Florêncio Anton

Pintura

Obra:
Diversas

Artista atribuído:
Modigliani, Vincent Van Gogh e
Degas.
(da esquerda para a direita)

Médium:
Florêncio Anton

Do ponto de vista artístico, estaríamos diante de um novo conceito na produção da arte. Torna-se possível, assim, a elaboração de obras sem a necessidade de um artista com habilidade ou técnica.

Inspiração/ Intuição

100%

Habilidade/ Técnica

0%

Algumas pinturas mediúnicas podem ser realizadas em objetos diferentes das telas. Nesta fotografia, vemos uma obra realizada pelo médium Florêncio Anton, atribuída ao pintor Lu Shin.

PINTURA MEDIÚNICA

Um fenômeno que chama muito a atenção é a psicopictografia, também conhecida como pintura mediúnica.

Trata-se do processo que permite a elaboração de obras artísticas através das mãos e dos pés de um médium em "transe mediúnico", sem conhecimento prévio de qualquer prática artística, ou seja, sem nunca ter participado de uma escola de pintura ou formação em artes. Entre algumas características que esse fenômeno apresenta estão a rapidez na execução dos quadros e a utilização de diferentes membros do corpo (mão direita e esquerda ou pés) para pintá-los. O Brasil é o maior celeiro de médiuns pintores.

No final da década de 1970 e durante quase toda a década de 1980, o grande destaque era sem dúvida o médium Luiz Antonio Alencastro Gasparetto, da cidade de São Paulo. Gasparetto é um psicólogo de formação, tendo obtido reputação mundial por excursionar nos Estados Unidos e na Europa a fim de mostrar os trabalhos atribuídos a famosos artistas plásticos — Renoir, Da Vinci, Rembrandt, Toulouse-Lautrec, Modigliani, Picasso, Monet, entre outros —, realizados através de sua mediunidade.

Outros médiuns pintores brasileiros de destaque, que têm produzido até hoje obras de arte são: Livio Barbosa de Rio de Janeiro, Marilusa Moreira Vasconcelos, de Penápolis, José Alberto Lima Medrado e Florêncio Anton da cidade de Salvador. Este último gentilmente ofereceu seu material para a confecção deste livro.

Diferenças das pinturas

PINTURA	TRADICIONAL	MEDIÚNICA
TALENTO	Sim	Não
OBJETO	Mão	Mãos, pés e/ou simultaneamente
TEMPO	Dias/meses	Minutos
RECURSO	Pincel	Pincel ou mãos
VELOCIDADE	Processo lento	Rápido
ESTILO	Segundo o pintor	Múltiplos
ESTADO	Consciente	Transe / alterado de consciência
FIM	Retratar/expressar	Curar/consolar
PAÍS	Mundial	Brasil
AUTOR	O pintor	O "pintor do Além"
OBEJTIVO	Diversos	Imortalidade da alma
DESTINO FINANCEIRO	Próprio	Obras sociais

Dois rostos pintados em sentido oposto pelo médium Florêncio Anton, com o uso simultâneo das duas mãos, cada uma trabalhando numa parte do quadro. Os desenhos são atribuídos aos pintores franceses Renoir e Toulouse-Lautrec, atuando em conjunto.

PINTORES

Para os médiuns pintores, as obras produzidas não são de sua autoria. Elas teriam sido produzidas previamente pelos pintores de todos os tempos, em uma outra dimensão, e, fazendo uso de sua paranormalidade, durante o transe mediúnico, as obras viriam ao mundo por seu intermédio.

O fenômeno da pintura mediúnica não é comum entre os médiuns. De fato, poucos são os paranormais que têm essa faculdade. Ela implica um preparo especial para que obras de grandes artistas, das mais variadas escolas, possam ser reproduzidas com o maior grau de fidelidade possível, ao estilo de cada pintor. Em outras palavras: os grandes e renomados "pintores do Além" podem trazer novamente suas obras ao mundo material, mas agora essas pinturas estariam dotadas de propriedades energéticas que auxiliariam no equilíbrio, na harmonia e até na cura das pessoas.

Para o médium Florêncio Anton, existe no Além toda uma organização de seres que coordenam seu trabalho mediúnico na Terra.

Essa equipe seria composta por um conjunto de seres "desencarnados" que trabalham com objetivos voltados ao bem. No Brasil, tal equipe seria a responsável pela tarefa de preparação de médiuns pintores, antes mesmo da encarnação atual. Ou seja, trataria-se de uma espécie de "academia do Além" na qual alguns médiuns de pintura são treinados durante anos, para poder cumprir sua missão ao lado da arte.

Esse seria o motivo pelo qual não é possível se formarem novos médiuns pintores aqui na Terra, pois eles já viriam com essa tarefa e preparo de anos no Além.

Coordenação do trabalho

Bezerra de Menezes
(1831-1900)
Médico brasileiro

Coordenação da equipe de pintores

Pierre-Auguste Renoir
(1841-1919)
Pintor francês

Berthe Morisot
(1841-1895)
Pintora francesa

Tarsila do Amaral
(1886-1973)
Pintora brasileira

Claude Monet
(1840-1926)
Pintor francês

Equipe de pintores
(alguns representantes)

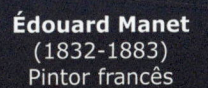     

Édouard Manet
(1832-1883)
Pintor francês

Edgar Degas
(1834-1917)
Pintor francês

Mary Cassatt
(1844-1926)
Pintora norte-americana

Toulouse-Lautrec
(1864-1901)
Pintor francês

Vincent van Gogh
(1853-1890)
Pintor neerlandês

Pablo Picasso
(1881-1973)
Pintor espanhol

Modigliani
(1884-1920)
Pintor italiano

Objetivo

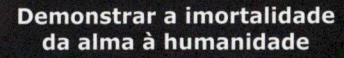

**Demonstrar a imortalidade
da alma à humanidade**

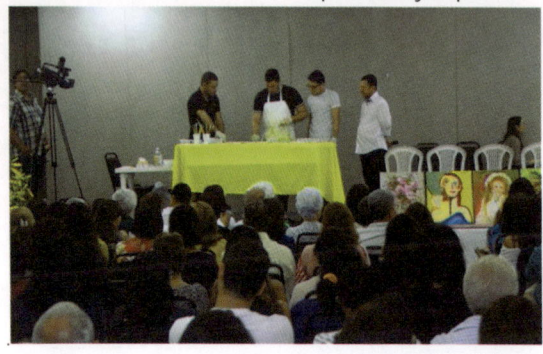

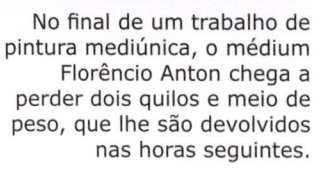

No final de um trabalho de pintura mediúnica, o médium Florêncio Anton chega a perder dois quilos e meio de peso, que lhe são devolvidos nas horas seguintes.

As produções de obras em ateliê possuem características diferentes: além de não contarem com público, são mais demoradas. Um mesmo quadro pode ser iniciado durante o transe mediúnico em um dia e, meses depois, continuado ou finalizado. Pelo fato de ser um processo mais lento, e não contar com nenhuma interferência de espectadores, a qualidade das obras costuma ser superior e com mais riqueza de detalhes do que as das apresentações públicas.

O FENÔMENO

As obras podem ser produzidas em ateliê, onde o médium, em transe mediúnico, consegue pintar com mais calma e até em vários dias uma tela, ou em apresentações públicas.

Para quem nunca viu uma mostra de pintura mediúnica, a sessão começa mais ou menos assim: O público deve estar a certa distância e em absoluto silêncio. Uma equipe que acompanha o médium o assiste, segurando os quadros e prestando apoio. Uma mesa é disposta com pincéis, panos e tintas, junto com diversas telas em branco. Às vezes, coloca-se uma música em volume alto, para criar uma ambientação psíquica.

Após esses preparativos, o médium entra em transe e, com os olhos fechados na maioria das vezes, inicia a elaboração dos quadros, com rapidez surpreendente, em média de três a sete minutos por pintura. Numa única sessão podem ser pintadas de dez a vinte telas, dependendo da complexidade, e nem sempre é usado o pincel na execução; muitas vezes, as pinturas são elaboradas diretamente com a mão, mesmo não sendo esta de domínio do médium. Podem também ser produzidas duas telas em simultâneo, uma com cada mão, atribuídas a dois pintores diferentes, mantendo-se o estilo destes. É possível até mesmo ver pinturas elaboradas com os pés. O conteúdo das pinturas é de total desconhecimento do médium, podendo ser desenhadas pessoas que estão na plateia ou seres queridos que já desencarnaram.

As telas obedecem ao estilo dos "pintores do Além", mantendo suas características, cores e formas, além de a assinatura ser muito similar à de quando estavam em vida.

No final, as telas são colocadas à venda, e seus recursos, destinados a obras de assistência e promoção social.

Tempo

A elaboração dos quadros variam de três a sete minutos, dependendo da complexidade.

Som

Durante a apresentação, a pedido do médium, podem ser colocadas músicas eruditas ou clássicas em volume alto.

Local

No espaço é necessária uma mesa ampla e resistente, para que possam ser elaboradas as telas.

Cor

As cores mantêm similitude com as usadas pelos pintores aos quais as obras são atribuídas.

Luz

Nem sempre é necessário estar às escuras. Às vezes, as sessões são durante o dia, com luz natural.

Transe

Toda a sessão é realizada com o médium em estado de transe mediúnico - um estado alterado de consciência - em que o paranormal, estaria envolvido por uma força invisível que o impulsa a produzir os quadros.

Mãos e pés

Os quadros podem ser pintados com uma ou as duas mãos, e até mesmo com os pés do médium.

Rosto

Durante o transe mediúnico, os olhos do médium podem ficar cerrados. Às vezes, o "pintor do Além" fala ao público algumas palavras no idioma de seu país de origem, em geral, em francês.

Estilos

Os mais diversos estilos são representados. Eles variam segundo o estilo que o "pintor do Além" executava. Entre eles destacamos: Neoclassicismo. Romantismo. Realismo. Surrealismo. Arte abstrata. Pintura de paisagem. Retrato pictórico. Natureza-morta. Barroco. Arte bizantina. Classicismo. Arte conceptual. Cubismo. Modernismo. *Art nouveau.* Expressionismo. Pintura flamenga. Futurismo, e, o mais comum, o Impressionismo.

Cheiro

Em algumas apresentações, o público pode perceber um cheiro de éter ou perfume no local.

Velocidade

Existe uma rapidez no movimento dos braços muito maior que no estado normal.

Quantidade

Variam entre dez a vinte quadros pintados em cada sessão.

Interferências

Em algumas sessões, observam-se falhas na luz, mudanças de volume nos aparelhos de som, e, em algumas filmagens, podem ser detectadas manchas brancas. Essas interferências, seriam a presença do ectoplasma produzido pelo paranormal.

Ectoplasma

Seria uma "substância" esbranquiçada que sai do médium, considerada capaz de produzir materialização de fenômenos.

Recursos

A renda da venda das pinturas é revertida a obras sociais.

Finalidade

Segundo os médiuns, o objetivo desse fenômeno seria demonstrar a imortalidade da alma, trazer consolo ao público presente, dando uma mensagem de amor, e ser um meio de gerar harmonia e cura.

COMPARAÇÃO

Selecionamos aqui algumas obras mediúnicas atribuídas a diversos pintores de épocas e países diferentes.
Os traços, as cores, estilos, temática, formas e tonalidades dos trabalhos sugerem a veracidade da autoria, indicando que os "pintores do Além" prosseguem realizando novas obras.

Duccio

Duccio di Buoninsegna (1255—1319)
Foi provavelmente o mais influente artista de Siena do seu tempo, a figura mais importante da chamada Escola Sienesa. Considera-se que Duccio teve grande influência na formação do chamado estilo gótico internacional. A obra fez com que a arte italiana se desviasse do estilo bizantino, para representações pictóricas mais realistas.

Obra: *Cristo aparece aos Apóstolos*

Obra mediúnica. Trabalho de ateliê, óleo sobre tela.

Algumas similitudes:
Temática religiosa, estilo mais realista que o bizantino, cores das vestimentas e perspectiva frontal.

Toulouse-Lautrec

Henri Marie Raymond de Toulouse-Lautrec Monfa (1864—1901)
Foi um pintor pós-impressionista e litógrafo francês, conhecido por pintar a vida boêmia de Paris do final do século XIX. Trabalhou por menos de vinte anos, mas deixou um legado artístico importantíssimo, tanto no que se refere à qualidade e quantidade de suas obras quanto, no que se refere também à popularização e comercialização da arte. Toulouse-Lautrec revolucionou o *design* gráfico dos cartazes publicitários, ajudando a definir o estilo que seria posteriormente conhecido como *art nouveau*.

Obra: *Maio Milton*

Obra mediúnica. Trabalho de ateliê, óleo sobre tela.

Algumas similitudes:
Traços, estilo pós-impressionista, cores sugerindo trabalho em giz e melhor acabamento e detalhe no rosto.

Monet

Oscar-Claude Monet (1840—1926)
Foi um pintor francês e o mais célebre entre os pintores impressionistas. O termo "impressionismo" surgiu devido a um dos primeiros quadros de Monet: "Impressão, nascer do sol" — de uma crítica feita ao quadro pelo pintor e escritor Louis Leroy: - "eu bem o sabia! Pensava eu, justamente, se estou impressionado é porque há lá uma impressão". A expressão foi usada originalmente de forma pejorativa, mas Monet e seus colegas adotaram o título, sabendo da revolução que iniciavam na pintura.

Obra: *Poppy Field, perto de Argenteuil*

Obra mediúnica. Trabalho de ateliê, óleo sobre tela.

Algumas similitudes:
Temática de paisagem, estilo impressionista, cores do céu e das árvores e perspectiva com horizonte.

DETALHES

Continuamos com a comparação, mas faremos aqui menção aos detalhes que mais chamam a atenção nas obras.

Rembrandt

Obra mediúnica. Trabalho de ateliê, óleo sobre tela.

Rembrandt Harmenszoon van Rijn (1606—1669)
Foi um pintor e gravador holandês. É geralmente considerado um dos maiores nomes da história da arte europeia, o mais importante da história holandesa e, por alguns, o maior pintor de todos os tempos. Suas contribuições à arte surgiram em um período denominado pelos historiadores de "Século de Ouro dos Países Baixos", no qual a influência política, a ciência, o comércio e a cultura holandesa — particularmente a pintura — atingiram seu ápice.

Obra: *O rosto de Jesus*

Algumas similitudes:
Traços, estilo de pintura do período "Século de Ouro dos Países Baixos", cenas da Bíblia, tom sombrio e rostos detalhados.

Alguns detalhes:
Olhar do rosto com expressão característica de extrema ternura.

Obra: *Polia obrigatória da mulher do camponês.* Obra mediúnica. Trabalho de ateliê, óleo sobre tela.

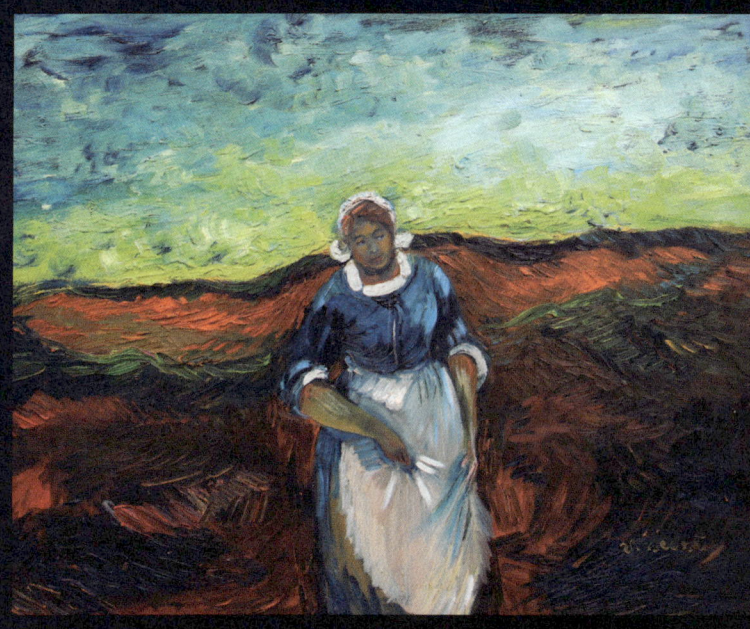

Van Gogh

Vincent Willem van Gogh (1853 — 1890)
Foi um pintor pós-impressionista neerlandês. Sua produção inclui retratos, autorretratos, paisagens e naturezas-mortas de ciprestes, campos de trigo e girassóis. Em pouco mais de uma década, produziu mais de 2100 obras de arte, incluindo 860 telas a óleo e cerca de 1300 aquarelas, desenhos, esboços e gravuras.

Algumas similitudes:
Estilo único altamente reconhecível, tonalidades, paisagens e horizonte.

Alguns detalhes:
A vestimenta e o chapéu da camponesa mantem a cor, o formato e o tamanho.

Goya

Obra: *La duquesa de Alba.*

Obra mediúnica. Trabalho de ateliê, óleo sobre tela.

Francisco José de Goya y Lucientes (1746 —1828)
Foi um pintor e gravador espanhol.
Muitas de suas gravuras, em referência à moral, à estranheza e à bizarrice da alma humana, encontraram grande aceitação.

Algumas similitudes:
Posicionamento, uso da personagem feminina "Maja", vestimenta, cores e perspectiva com horizonte.

Alguns detalhes:
Transparência sugerida pela roupa e posição da mão frontal, bem como dos pés.

QUALIDADE

Selecionamos uma pintura mediúnica realizada por intermédio de Florêncio Anton, atribuída ao pintor Pierre-Auguste Renoir (1841-1919). A pintura foi elaborada em poucos minutos e é rica em detalhes. Além de manter o estilo do pintor, ela possui harmonia de cores e formas, apresentando uma estética agradável.

Renoir

Vaso com flores

Artista: Pierre-Auguste Renoir
Médium: Florêncio Anton

ASSINATURAS

Chama atenção, além da similitude do estilo da pintura, a assinatura do pintor. Selecionamos alguns casos nos quais apresentamos a assinatura do pintor registrada em suas obras clássicas, sejam do século XIX ou XX, e a assinatura das pinturas mediúnicas realizadas por intermédio de Florêncio Anton em estado alterado de consciência, ou transe mediúnico, no século XXI.

Picasso
(1881-1973)

Assinatura de Pablo Picasso.

Assinatura na obra mediúnica.

Manet

(1832-1883)

Assinatura de Édouard Manet.

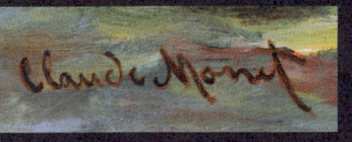

Assinatura na obra mediúnica.

Monet

(1840-1926)

Assinatura de Claude Monet.

Assinatura na obra mediúnica.

Renoir

(1841-1919)

Assinatura de Pierre-Auguste Renoir.

Assinatura na obra mediúnica.

Cientistas da Universidade de Coimbra analisaram o funcionamento cerebral do médium Florêncio Anton em transe "mediúnico". O resultado esperado era que o índice biespectral 95 (consciência) descesse para o índice 47 (relaxamento, imobilidade e sono profundo), mas isso não aconteceu.

Ao contrário do que se esperava, embora o aparelho estivesse marcando que o cérebro se encontrava em estado de sono profundo, ao mesmo tempo ele registrava ondas cerebrais compatíveis com o estado de sedação, oscilando entre 80 e 50. Durante o transe mediúnico, eram elaboradas duas pinturas, atribuídas a Renoir e Toulouse-Lautrec: dois rostos feitos em simultâneo, com os olhos do médium completamente cerrados.

Quadro *Cavalo*, pintado durante a sessão, em Portugal.

FATOS

Alguns fatos curiosos acontecem durante as sessões de pintura mediúnica. Apresentaremos a seguir o depoimento de Margarita Gago sobre sua experiência em Olhão, Portugal, em 2010.

DEPOIMENTO:

Foi a primeira vez que assisti a uma dessas sessões. Já tinha ouvido falar da forma fantástica como o irmão Florêncio pintava, em poucos minutos, telas de uma beleza extraordinária. Desde sempre que gosto muito de animais, tendo especial paixão por cavalos, e pensei: se for pintado um cavalo, eu gostaria de o comprar.

Estava a pensar no meu cavalo e pedi aos mestres ali presentes para que ele fosse pintado, sem saber muito bem como pedir, nem porquê.

Quando o irmão Florêncio iniciou a pintura do oitavo quadro, comecei a ver surgir os primeiros traços do que não tive dúvida alguma de que era o meu cavalo, com a sua característica mancha no nariz e tudo... nisto vejo o irmão Florêncio (em transe) esboçar um sorriso, o primeiro

naquela noite pois ele estava sempre muito sério enquanto pintava. O meu coração batia de emoção. A minha mãe, que estava sentada ao meu lado, olhou para mim e baixinho disse: É o teu cavalo! Nisto dá-se uma transformação no quadro: aquele que parecia ser um cavalo adulto, acabou por ser um poldro, um cavalo bebê (como eu, carinhosamente, chamo o meu cavalo). Soube que algo muito especial estava a acontecer ali. Tive a intuição de que aquele quadro me seria oferecido.

No final da sessão, onde foram pintados treze quadros, o irmão Florêncio deu uma pequena explicação do que é a pintura mediúnica e no fim disse que nesta sessão tinha acontecido algo inédito: que em noventa mil e qualquer coisa quadros que já tinha pintado desde que iniciou estas sessões, nunca tinha sido pintado um animal e perguntou se alguma das pessoas presentes tinha alguma afinidade com cavalos, ao que eu levantei a mão. Perguntou-me se eu tinha alguém próximo e ligado ao mundo dos cavalos que tivesse desencarnado não havia muito tempo. Lembrei-me imediatamente de um amigo

do centro hípico que frequento e que faleceu há mais ou menos dois anos em consequência de um coice de um cavalo. Esta foi uma morte muito repentina e muito sentida por todos os que o conhecíamos como sendo uma pessoa sempre alegre e pronta a ajudar. Foi então que o irmão Florêncio disse que esse irmão desencarnado se encontrava ali conosco, naquela noite, e que o quadro do cavalo não seria leiloado e que me seria oferecido. Que ele trazia uma mensagem para mim e que eu iria saber qual. Nesta altura estava tão emocionada, que não conseguia conter as lágrimas.

Essa noite tirou-me dúvidas, veio afirmar a minha fé e fazer-me acreditar que tudo é possível, e a confiar na minha intuição. Todos os dias, em todos os momentos que olho para o quadro, que estou com o meu cavalo, agradeço a Deus e a todos os mestres e guias que me acompanham. Aprendi a ter fé e a confiar que o que eu mais desejo me será dado, no tempo certo!

Margarita Gago

Um quadro atribuído a Renoir foi pintado por intermédio de Florêncio Anton em Silkeborg, Dinamarca. O cachorrinho era de uma das pessoas do público, que confidenciou haver conversado com a organizadora do evento quando o médium já estava em transe "mediúnico" dizendo que seu maior desejo era ter seu cão retratado pelos pintores desencarnados como prova da existência dos Espíritos. Segundo o médium, Renoir teria ficado sensibilizado e para oferecer mais uma evidência da autenticidade do trabalho, resolveu atender ao pedido.

Uma emocionante experiência vivida pelo médium aconteceu na cidade de Fortaleza, Ceará. Na oportunidade, uma pintura atribuída ao pintor Cândido Portinari foi retratada. Nela havia, em sua interpretação, o primo de Raquel Borges, desencarnado em Pernambuco há pouco mais de um mês da apresentação mediúnica. Raquel, ao reconhecer a face do primo no quadro, foi tomada por forte emoção, que tocou a todos os participantes.

Renoir   Toulouse-Lautrec   Mary Cassat

Algumas pinturas de pessoas do público foram retratadas durante o transe "mediúnico", sendo atribuídas a diversos artistas.

Florêncio Anton, em seu ateliê, na cidade de Salvador, Bahia.

A comunidade Maria de Nazaré foi construída preconizando espaços educativos para atender a crianças. Elas vêm semanalmente e são atendidas em suas necessidades de acordo com o acompanhamento pedagógico, psicopedagógico, psicológico e médico.
Há também de uma oficina de inclusão digital e de manualidades, essa última com vistas à produção de geração de renda para a instituição.

OBRA SOCIAL

Para muitos observadores, impressiona o fato de as camadas de tintas serem sobrepostas, sem tempo para secar e sem que as pinturas saiam borradas. Mas o que poucos conhecem é que algo muito além disso está por trás dessas obras.

Os médiuns pintores destinam recursos para a manutenção de diversas instituições filantrópicas ou de assistência social em todo o Brasil. Seria a transformação do óleo em pão, a beleza da pintura em ajudar pessoas carentes de comunidades assistidas.

No caso específico de Florêncio Anton, que participou de demonstrações públicas em vários estados do país e no exterior, tendo se apresentado na Bélgica, França, Inglaterra, Itália, Suíça, Espanha, Alemanha, Dinamarca, Suécia, Peru, Panamá, Colômbia e Portugal, os recursos oriundos da venda de obras, destinou-se à Comunidade Maria de Nazaré.

A instituição foi fundada em 1999, em Salvador, Bahia, e mantém atividades de assistência social aos menos favorecidos da comunidade de Mussurunga, bairro popular da cidade.

Assim, a pintura mediúnica cumpre um papel social, transformando arte em solidariedade, e solidariedade em transformação social, na construção de um mundo mais fraterno e igualitário.

O médium Florêncio Anton já produziu mais de 35 mil pinturas em estado de transe "mediúnico", atribuídas aos pintores:
Carl Locher
Anna Ancher
Nordstrom
Albrecht Edelfelt
Kroyer
Albrecht Durer
Leonardo da Vinci
Giotto
Rafaello
Duccio di Buoninsegna
Bernardino Luini
Zandomeneghi
Boldini
Amedeo Modigliani
Ivan Aivazovsky

Carlos Lyster Franco
José Malhoa
Josefa de Obidos
Vieira da Silva
Zurbaran
Velasquez
Luis Melendez
Salvador Dali
Joan Miro
Pablo Picasso
Julio Romero Torres
Goya
Murillo
Rubens
Wislow Homer
Turner
Kikoine
Suzanne Valadon
Utrillo
Magritte
Klimt
Mondrian
Paul Klee
F. Bischoff
Benson
Franz Hals
Rembrandt
Vincent van Gogh
Lu Shin
Anita Malfatti
Tarsila do Amaral
Benedito Calixto
Eliseu Visconti

Jose Pancetti
Candido Portinari
E. Di Cavalcanti
Ismael Nery
Lasar Segall
Raimundo Cela
Castagnetto
Guignard
Djanira
Afredo Volpi
Renoir
Berthe Morisot
Claude Monet
Edouard Manet
Edma Morisot
Alfred Sisley
Blanche Hoschede
Camille Pissarro
Frederic Bazzille
Paul Cezzanne
Courbet
Paul Gauguin
Millet
Corot
Anne Valayer Coster
Eugene Boudin
Edgard Degas
Toulouse Lautrec
Seurat
Henri Matisse
Andre Derain
Marc Chagall
John Sargent

A renda obtida pela venda das obras vai para as casas de assistência aos necessitados.

Um dos destinos financeiros das obras é o projeto Meu Lar, que tem como escopo construções de casas com dois quartos para famílias que vivem em barracos, ou então a restruturação, reforma e reboco de casas que estão em estados deploráveis.

A obra social Casa de Maria Clara, no Rio de Janeiro, é uma unidade assistencial de acolhimento e fortalecimento de vínculos familiares. Atende a mais de 110 crianças, em dois turnos, e nela as famílias também são amparadas com reuniões educativas, cestas básicas, além de receberem ajuda com moradia e documentação.

A ARTE A SERVIÇO DO BEM

No Brasil, diversas instituições recebem ajuda para sua manutenção com recursos provenientes da arte, seja pela produção de obras de arte convencionais em si ou por obras derivadas da arte "paranormal". Para apoiar essas obras, foi criado o Clube de Arte, com o lema "A arte a serviço do bem".

O Clube, na atualidade, conta com cerca de vinte mil associados que oferecem apoio a quatrocentas instituições, sendo na maioria obras sociais que distribuem brindes, recebendo material que se reverte em recursos financeiros para manutenção de seus projetos sociais.

O Clube de Arte vem cumprindo sua missão há dezoito anos, agora como editora fonográfica, distribuidora de livros, revistas, CDs e DVDs, além de produzir programas de TV e Rádio.

São mais de cinco milhões de brindes distribuídos ao longo desses anos, com lançamentos e novidades produzidos pelos trabalhadores da arte, com o único objetivo de servir ao bem. Quando a arte é bem aproveitada, e seus recursos, bem destinados, ela pode desempenhar um papel importante no desenvolvimento social dos menos favorecidos.

Cartaz do
Clube de Arte
e da WebTV
Nova Luz.

Periodização da Arte

Arte pré-histórica
(c. 40000-3000 a.C.)
Desenvolveu-se entre o Paleolítico Superior e o Neolítico, onde aparecem as primeiras manifestações que podem ser consideradas arte. No Paleolítico, o homem, dedicado à caça e vivendo em cavernas, praticou a chamada arte rupestre.

Arte antiga
(c. 3000-300 a.C.)
No Egito e na Mesopotâmia viveram as primeiras civilizações altamente estruturadas, e seus artistas/artesãos produziram obras complexas que já apresentam especialização profissional.

Arte clássica
(1000 a.C.-300 d.C.)
A arte da Grécia Antiga marcou a evolução da arte ocidental. Depois de um começo em que se salientaram as civilizações minoica e micênica, a arte grega se desenvolveu em três períodos: Arcaico, Clássico e Helenístico.

Arte medieval
(c. 300-1350)
A arte medieval, sendo uma derivação direta da arte romana, iniciou-se com a arte paleocristã, após a oficialização do cristianismo como religião do Império Romano. Essa arte trabalhou as formas clássicas para interpretar a nova doutrina religiosa.

UMA NOVA ARTE

Este livro sugere que estamos diante do surgimento de um novo e transcendental tipo de arte. Durante milênios, o conceito de arte tem sofrido alterações, mas sempre tem guardado os parâmetros básicos, de ser produzida por artistas, ou pessoas com habilidade e técnicas.

Mas agora estamos diante de uma nova perspectiva: uma arte elaborada por não artistas. Para os médiuns, a autoria das obras pertencem, sim, aos artistas desencarnados, querendo dar mostras de que continuam vivos. Eles apenas não se encontram mais nesta dimensão. Logo, isso explicaria o porquê dos fenômenos e a qualidade apresentada.

Por outro lado, o conceito de utilidade da arte muda com a arte "paranormal".

A arte deixa de ser apenas uma forma de plasmar a expressão, o sentimento ou a imaginação dos artistas, para se tornar um meio de consolo, de comprovação da imortalidade da alma e, ainda mais, um mecanismo de cura.

Segundo os médiuns, as telas trazem em suas formas e cores propriedades energéticas que auxiliam no equilíbrio e na harmonia, além de terem seus recursos destinados a ajuda humanitária e social.

Seria o uso da arte para uma finalidade além da estética; ; pode-se dizer que se chegaria ao conceito do "belo para o bom".

O surgimento da arte Paranormal abre um campo novo de pesquisa. Ela demanda uma extensa observação e análise, entrando na área da ciência. Pelo fato de entrar na ordem da espiritualidade e consolo das pessoas, estaria dentro da área da religião. E,

Arte na Idade Moderna
(c. 1350-1850)
A Idade Moderna iniciou-se no Renascimento, período de grande esplendor cultural na Europa. A religião deu lugar a uma concepção científica do homem e do universo, no sistema do humanismo.

Arte contemporânea
(c. 1850-atualidade)
Entre meados do século XIX e início do século XX, lançaram-se as bases da sociedade contemporânea, marcada no terreno político pelo fim do absolutismo e pela instauração dos governos democráticos.

e por possuir conteúdos que tentam explicar o sentido da vida, envolveria também a filosofia.

A arte paranormal com a pintura mediúnica vem nos abrir a visão, com a possibilidade de que os artistas de hoje, atravessando as fronteiras da morte, continuam vivos e com capacidade de continuar gerando arte de uma outra dimensão. Dentro dessa visão, seu esforço e dedicação não teriam sido desperdiçados, pois a genialidade e talento continuariam existindo.

Todo indica que estaríamos diante de uma arte que tem um objetivo: a formação de um mundo melhor, regenerado, através de uma concepção que mudará em definitivo o conceito artísitico nas escolas e na história em geral.

Arte paranormal

Ciência:
Um novo campo de pesquisa.
Uma forma de contribuir com a união entre ciência e espiritualidade.

Religião:
Oferecer consolo ao público presente.
Revelar a possibilidade de vida após a morte.

Filosofia:
Explicar o sentido da vida.
Oferecer uma nova visão sobre o mundo.

Características:
Produzidas por meio de "paranormais", com a autoria de "artistas pintores" que continuariam vivos, pintando do Além.
As telas teriam uma carga energética com capacidade de produzir harmonização e cura.

Conclusão:
Mudança na história da arte, em seus conceitos e bases, abrindo-se assim para ser um arte regeneradora, espiritualizada - uma arte que junte o belo e o bom.

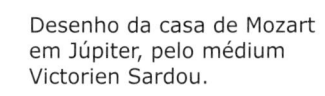

Desenho da casa de Mozart em Júpiter, pelo médium Victorien Sardou.

IEN Sardou medium

LA MAISON DE MOZART
(ville basse)

Os desenhos para colorir das próximas páginas foram baseados em pinturas mediúnicas de Florêncio Anton.

Mais sobre o autor:
www.luishu.com

Agradecimento pelo patrocínio da pesquisa: